Hans - Jürgen Hildebrandt

Zur Taktik beim Pétanque

Zur Taktik beim Pétanque

Eine kleine Handreichung für Ambitionierte

Bibliografische Information der Deutschen Nationalbibliothek.
Die Deutsche Nationalbibliothek verzeichnet diese Publikation in der Deutschen Nationalbibliografie; detaillierte bibliografische Daten sind im Internet über http://dnb.d-nb.de abrufbar.

ISBN 978-3-940395-12-2

2. ergänzte Auflage 2014

Typografie und Satz: Isotrop, Peter Latsch
Cover Design: Volker Müller

Hans-Jürgen Hildebrandt

Zur Taktik beim Pétanque

Eine kleine Handreichung für Ambitionierte

Isotrop Verlag

Vorwort zur Neu-Auflage

Den ursprünglichen Text „Zur Taktik beim Pétanque" hatte ich zunächst zur Selbstverständigung verfasst. Nachdem aber einige meiner engeren Boule-Freunde nach der Lektüre meinten „Das sollte jeder einmal gelesen haben", entschied ich mich dazu, einige (ca. 100) Exemplare im Selbstverlag herauszugeben und auf regionalen Turnieren anzubieten. Die erste Auflage war innerhalb kurzer Zeit vergriffen und die Reaktionen auf die Veröffentlichung waren durchweg positiv.

Vor diesem Hintergrund scheint es mir sinnvoll, eine neue Auflage in einem Verlag herauszugeben, der ja ganz andere Möglichkeiten der Verbreitung bietet.

Da meine bisherigen Leser keinerlei Lücken beanstandet haben, ist der Text – sieht man von einigen kleineren, wie ich hoffe: sinnvollen, Ergänzungen ab – im Wesentlichen gleich geblieben.

Inhalt

Zur Einführung

Das Interesse am Boule spielen hat in den letzten Jahren deutlich zugenommen, was sich nicht zuletzt daran zeigt, dass inzwischen fast jedes Dorf über eine eigene Boule-Bahn verfügt. Wenn man sich dort trifft, um einige Kugeln zu werfen, dann erfolgt das primär aus sozialen/geselligen Gründen und weniger aus sportlichem Interesse. Bei diesem durchaus legitimen Freizeitvergnügen spielen taktische Erwägungen in der Regel keine Rolle. Sie dürften eher kontraproduktiv sein, da sie durch die Ernsthaftigkeit, die sie ins Spiel bringen – dem ursprünglichen Interesse zuwiderlaufen.

Für diejenigen, die „Boule“ oder – wie man, um sich von sog. „Freizeitboulern“ abzugrenzen, gerne sagt – „Pétanque“ etwas ernsthafter betreiben, sei es in Form des Liga-Betriebs oder von Turnieren, stellt sich das Problem natürlich ganz anders. Hier spielen Fragen der Strategie und Taktik eine zentrale Rolle. Um ein Spiel zu gewinnen reicht es eben nicht, legen und schießen zu können. Vielmehr muss man lernen, in den entscheidenden Situationen das Richtige zu tun. Das lernt man nicht von heute auf morgen, sondern in einem längeren Prozess, der durch die Höhen und Tiefen des Boulespiels führt.

Die folgenden Hinweise sind dazu gedacht, diesen Prozess etwas zu erleichtern und zu verkürzen und basieren auf meinen eigenen, ca. 20 jährigen Pétanque-Erfahrungen in Deutschland und in Frankreich, die mich am Ende zu einer Strategie der

– wie es Otto Rehagel im Fußball genannt hat – „kontrollierten Offensive“ geführt haben. Ich beschränke mich bei meinen Ausführungen auf bestimmte, grundlegende Sachverhalte, sowie auf Schlüsselsituationen im Spiel, die ganz wesentlich darüber entscheiden, ob am Ende gewonnen oder verloren wird. Meine Zielgruppe ist die große Zahl der – wie ich es nennen würde – „Mittelklassespieler“ jeden Alters, soweit sie noch nicht resistent gegenüber Lernprozessen geworden sind. Mit dem im folgenden beschriebenen taktischen Vorgehen wird es ihnen nicht nur gelingen, ihr Spiel deutlich zu verbessern, sondern immer wieder auch möglich sein, wirklichen oder selbsternannten „Cracks“ der Boule-Szene im Spiel Probleme zu bereiten oder sogar ein Bein zu stellen.

Auf die heute verbreitete Einfügung weiblicher Endungen, um zu signalisieren, dass man über eine politisch korrekte Einstellung verfügt, habe ich bewusst verzichtet. Was im Folgenden beschrieben wird, gilt für „Männlein“ und „Weiblein“ gleichermaßen, ohne jede Einschränkung!

Grundsätzliches zu Strategie und Taktik

Wenn ich mir die Spielpraxis der überwiegenden Mehrheit der Boulisten hierzulande ansehe, kann ich mich des Eindrucks nicht erwehren, dass sie es machen „wie im richtigen Leben". Das heißt, sie versuchen, sich irgendwie „durchzuwursteln", legen großen Wert auf Sicherheit und sind bemüht, die Risiken so gering wie möglich zu halten. Und am Ende – wie im täglichen Leben beim Lottogewinn – hoffen Sie dann noch, dass ihnen das Glück bzw. der Zufall den Sieg bescheren möge. Das Resultat ist dann allerdings auch wie im täglichen Leben: es funktioniert nicht bzw. nur in einem äußerst begrenztem Maße. Hat man dies erkannt, gibt es zwei Möglichkeiten: entweder man wurstelt weiter wie bisher in der Hoffnung, dass es irgendwann doch noch klappt, oder man gibt seine Resistenz gegenüber Lernprozessen auf und stellt sich die Frage, ob es nicht doch eine Möglichkeit gibt, das eigene Spiel zu verbessern – und dann landet man unversehens bei Fragen der Strategie und Taktik. Das ist ein erster Schritt in die richtige Richtung! Der zweite wichtige Schritt besteht nun darin, zu einem adäquaten Verständnis dessen zu kommen, was „Taktik" eigentlich bedeutet.

Viele Boulespieler sind der Meinung, dass taktische Anweisungen einem Rezept gleichen, das bei Einhaltung der gegebenen Vorschriften auch das erwartete Resultat liefert. D.h. man nimmt an, dass in gleichen oder ähnlichen Situationen auch gleich reagiert wird, also z.B. mit einem Schuss oder ei-

ner Legekugel. Eine solche Erwartungshaltung ist aber nicht sinnvoll! Das liegt vor allem daran, dass es tatsächlich kaum mehr oder weniger identische Situationen gibt, da eine Vielzahl von Faktoren auf das Spiel einwirken. Ich nenne hier nur die verschiedenen Schwierigkeitsgrade des Terrains oder die unterschiedlichen Fähigkeiten (Stärken und Schwächen) der jeweiligen Gegner. Im Grunde genommen geht es bei Fragen der Strategie und Taktik nicht um Sicherheiten, sondern um Wahrscheinlichkeiten, also um Hinweise darauf, was in einer spezifischen Situation mehr Aussicht auf Erfolg hat als anderes. – Man muss sich dabei allerdings auch vergegenwärtigen, dass bei einer 70, 80 oder gar 90 prozentigen Chance auf Erfolg immer noch ein „Restrisiko" von 10, 20 oder gar 30 Prozent bleibt (bei falschen taktischen Maßnahmen gilt das Entsprechende!). Mit anderen Worten: Man kann taktisch richtig spielen und trotzdem erfolglos sein oder auch taktisch falsche Entscheidungen treffen und dennoch Erfolg haben. Beides ist aber in der Regel die Ausnahme!

Ziel jeder adäquaten Strategie und Taktik sind (soweit wie möglich!) die Ausschaltung des Zufallsfaktors, sowie die Kontrolle des Spiels und des Gegners. Es muss aber von vornherein klar sein, dass dieser Kontrolle auch Grenzen gesetzt sind.

Die taktische Situation während eines Spieles verändert sich fortwährend. Dies gilt es aufmerksam zu beobachten. Maßnahmen, die in der Anfangsphase sinnvoll sind, können in der Endphase durchaus fatal sein, gerade wenn das Spiel eng ist. – Grundsätzlich gilt das Gesagte auch für jede einzelne Aufnah-

me. Selbst hier muss bisweilen ganz kurzfristig von Offensive auf Defensive umgestellt werden und umgekehrt. Mangelnde Aufmerksamkeit kann leicht die Aufnahme bzw. das Spiel kosten.

Taktische Entscheidungen sollten gemeinsam getroffen werden. Dabei muss das Spiel sowohl aus der Perspektive des Schießers als auch des Legers betrachtet werden. Einseitige Festlegungen wie die verbreitete Dominanz der Legerperspektive sind nicht sinnvoll. Andererseits gilt, dass Spiele letztlich durch das Legen entschieden werden (bei Weltmeisterschaften mag das anders sein). Der Schießer hat entsprechend mit darauf zu achten, dass der eigene Leger ohne Druck spielen kann.

In bestimmten Situationen ist zwingend zu schießen oder zu legen. Das ist jedoch die Ausnahme. Meistens hat man die Qual der Wahl. Im Gegensatz zur landläufigen Meinung ist dann nicht unbedingt zu legen. Was man tut, hängt von verschiedenen Faktoren ab wie z.B. dem Terrain, dem Gegner, den eigenen technischen Fertigkeiten etc. Zur Entscheidungsfindung sollte man sich die Frage stellen „Was macht dem Gegner mehr Druck?!“ und entsprechend agieren.

Faktoren, die bei der taktischen Urteilsfindung eine Rolle spielen und entsprechend zu berücksichtigen sind: a) der/die Partner, b) der/die Gegner, c) das Terrain, d) die Tagesform, e) der Spielstand, f) die Anzahl der Kugeln, die bereits gespielt sind, g) die Anzahl der Kugeln, die noch zu spielen sind und – ganz wichtig - h) die Reihenfolge der Kugeln auf dem Boden. Beachten sollte man auch, dass z.B. bei der Doublette von jedem

Spieler in der Regel nur zwei von drei Kugeln gebracht werden (das gilt auch für die eigene Mannschaft!). Dies zu wissen, kann bei der Entscheidungsfindung hilfreich sein.

Bei Kugelvorteil ist eher zu schießen als zu legen. Es sei denn, man versucht z.B. den Gegner durch eine gut gelegte Kugel zu verführen, noch einmal zu schießen, obwohl das eigentlich nicht angemessen ist und man selbst am Ende mit ein oder zwei Schüssen viele Punkte machen kann.

Lassen sich Punkte des Gegners nicht vermeiden, muss man bestrebt sein, diese durch entsprechende Verteidigungsmaßnahmen so gering wie möglich zu halten. Dass man für sich selbst die höchst mögliche Punktezahl anstrebt, muss wohl nicht besonders betont werden.

Dass hin und wieder eine Legekugel nicht kommt, oder der Schießer ein Loch macht, ist ganz normal und meistens auch unproblematisch. Wichtig ist nur, die sog. "big points" zu machen, also Punkte, denen nach dem Spielverlauf eine größere Bedeutung zukommt als anderen. Um einige Beispiele zu nennen: a) Nachdem man zweimal so an die Wutz gelegt hat, dass der gegnerische Schießer in Aktion treten musste und man nach zwei Treffern die dritte Kugel auch noch zwingend an das Schwein legt, so ist das ein „big point" (und wenn der eigene Schießer die dritte zwingende Kugel des Gegners nacheinander erfolgreich „entsorgt" selbstverständlich auch); b) wenn man bei mehreren guten Kugeln des Gegners an der Wutz mit seiner letzten noch den Punkt markiert; c) jedes Carreau („sur place"), wenn man sich der „13" nähert oder d) wenn man nach

einer erfolgreichen Aufnahme von 3 bis 4 Punkten die erste Kugel bei der nächsten Aufnahme gleich wieder zwingend platzieren kann und so dem Gegner gar nicht erst die Chance gibt, sich von seinem „Schock“ zu erholen etc.

Bei der ersten Aufnahme rate ich zur Vorsicht: es ist immer unangenehm, einem 0:5 oder 0:6 hinterher zu laufen. Andererseits ist ein hoher Rückstand nach der ersten Aufnahme kein Beinbruch. Das kann sogar dazu führen, dass der Gegner nun glaubt, leichtes Spiel zu haben und unvorsichtig wird.

Zu besonderer Vorsicht rate ich auch a) bei einem scheinbar komfortablen Vorsprung: Sobald der Gegner den ersten Punkt macht, fängt er oft an richtig mitzuspielen sowie b) wenn sich das Spiel dem Ende nähert: Natürlich sollte man die erste Gelegenheit, den „Sack zuzumachen“, nutzen. Falls dies allerdings nicht gelingt, gilt es, die Ruhe zu bewahren und sich auf die nächste Gelegenheit zu konzentrieren. Wer verpassten Chancen zu lange und zu intensiv nachtrauert, wird in der Regel keine neue mehr bekommen.

Grundsätzlich gilt: Taktische Fehler sind in der Regel gravierender als technische, da sie meist nicht mehr korrigiert werden können.

Grundvoraussetzungen für eine adäquate Strategie und Taktik

1. Zur Technik:

Bevor man sinnvoll über Fragen der Strategie und Taktik reden kann, müssen selbstverständlich die grundlegenden Techniken des Boulespiels einigermaßen beherrscht werden, d.h. man muss legen und schießen können. Ein Leger, der im Bedarfsfall nicht nachschießen kann, ist genauso schlecht wie ein Schießer, der nicht in der Lage ist, ordentlich nachzulegen.
Diese Feststellung mag banal klingen, sie ist es aber nicht, steht sie doch im Widerspruch zur gängigen Praxis des Boulespiels hierzulande, deren zentrales Merkmal die Priorität des Legens ist. Typische Sprüche in diesem Zusammenhang sind: „Da kann man noch eine legen", „Die (Kugel) liegt hinten, die muß nicht geschossen werden", „Da kommen die immer wieder rein" etc. Als wäre es prinzipiell einfacher zu legen als zu schießen! Das entspricht nicht der Realität. Man kann genauso gut eine Kugel verlegen wie ein Loch schießen! – Neben den dominierenden nicht-schießenden „Legehennen" beiden Geschlechtes, findet sich auch eine kleine radikale Minderheit von, meist männlichen, Boulisten, die nur eine Taktik kennen, nämlich schießen, schießen, schießen, ohne Rücksicht auf Verluste. Dass auch das nicht sinnvoll ist, muss wohl nicht besonders betont werden.

Entgegen landläufiger Meinung beschränkt sich taktisches Spiel nicht auf die Beantwortung der Frage „Legen oder schießen?". Es kommt vielmehr ganz entscheidend darauf an, wie man schießt, welche Kugel man schießt (das muss z.B. nicht immer die Punkt-Kugel sein!), wo man seine Kugel hinlegt etc. Mit anderen Worten: Ein Spieler sollte nicht nur legen und schießen können, sondern prinzipiell alle Möglichkeiten, die das Spiel bietet, in Betracht ziehen und beherrschen, also z.B. auf Eisen schießen können (das ist die Regel) oder raffeln (das ist die Ausnahme, aber in bestimmten Situationen bzw. bei entsprechenden Bodenverhältnissen angemessen), die Wutz ziehen/schießen, hinter/vor der Wutz absichern, eine „Devant" legen (vor die Wutz oder die gegnerische Kugel), den Gegner rausdrücken etc. Um diese Techniken zu erlernen bzw. zu verbessern, muss man **üben** oder, mit einem anderen Wort, **trainieren**! Die beste Taktik hilft nichts, wenn man das, was man vorhat, nicht umsetzen kann.

Apropos **Training**: Einer der weit verbreiteten Standardsprüche auf den Boulefeldern dieser Republik lautet „Das ist ja nur Training". In der Regel dient er dazu, eine offensichtlich wenig sinnvolle Aktion, die man gerade plant oder durchgeführt hat zu rechtfertigen. Bei einem Spieler mit begrenztem Ehrgeiz ist diese Einstellung, die je beinhaltet, dass man das Ganze nicht so ernst nehmen muss, zweifellos zu akzeptieren. Bei jedem wirklich ambitionierten Spieler ist diese Haltung vollkommen fehl am Platze. Wie will man sein Spiel verbessern, wenn nicht mit ernsthaftem Training! Und dazu gehört eben nicht nur,

die eigenen Techniken zu vervollkommnen, sondern auch das Erkennen von Situationen und das Erlernen adäquater taktischer Reaktionen. Wer das nicht einübt, wird auch im Turnier leichter Fehler machen. – Dass man im Training in wenigen Ausnahmefällen durchaus auch einmal etwas anderes machen kann, als man es im Turnier tun würde, ist eine andere Sache. Bei unterschiedlichen technischen Fähigkeiten der Partner muss man sein Spiel entsprechend ausrichten (also ggf. etwas weniger schießen), ohne allerdings zu defensiv zu werden. Grundsätzlich hat ein Spieler, das zu tun, was die Situation verlangt (legen oder schießen, in welcher Form auch immer) **und nicht das, was er lieber macht!**

2. Zur Psychologie:

Um in einem sportlichen Wettbewerb zu bestehen, müssen nicht nur die entsprechenden technischen Fertigkeiten vorhanden sein, sondern auch die nötigen psychischen Voraussetzungen. Das beginnt damit, dass man in ein Spiel gehen muss mit dem Willen, es zu gewinnen und mit der Überzeugung, dass man es auch gewinnen kann! Mit anderen Worten: Man muss mit dem nötigen Selbstbewusstsein an die Sache herangehen. Das allein genügt allerdings nicht. Ebenso wichtig ist eine realistische Beurteilung der eigenen Stärken und Schwächen. Diese gewinnt man durch eine genaue Beobachtung und Analyse des eigenen Spiels. Jeden Sieg auf die eigene Stärke

und jede Niederlage auf die eigenen Schwächen zurückzuführen, ist nicht sinnvoll. Es gibt gute Spiele, die man verliert und schlechte, die man gewinnt.
Grundsätzlich gilt: Jeder Gegner ist ernst zu nehmen, und er darf weder über- noch unterschätzt werden. Wer Angst vor irgendwelchen (tatsächlichen oder selbsternannten) „Cracks" hat, braucht eigentlich gar nicht erst anzutreten, da das Spiel bereits verloren ist. Mit dem nötigen Selbstbewusstsein, mit Ruhe, Geduld und der richtigen Taktik, kann man auch technisch stärkere Spieler besiegen. Und außerdem haben diese – wie man selbst! – auch ihre schwachen Tage!
Selbstbewusstsein sollte man allerdings nicht mit Selbstüberschätzung verwechseln. Wer glaubt, das Spiel gegen sog. „Freizeitbouler" bereits in der Tasche zu haben, wird sich am Ende möglicherweise sehr wundern. Diese legen oft ganz gut und spielen meist locker und ohne Druck, was immer wieder dazu führt, daß die unmöglichsten Dinge passieren (Wutz ungewollt ziehen, Karambolagen etc.). Und wenn man dann nicht von Beginn an bei der Sache ist, hat man am Ende das Nachsehen. Also: Kein Spiel ist ein Selbstläufer!
Will man ein Spiel gewinnen, mus man eigene Fehler vermeiden und gleichzeitig den Gegner zu Fehlern zwingen. Um letzteres zu erreichen, muss mentaler Druck aufgebaut werden. Wer ständigem Druck ausgesetzt ist, macht irgendwann auch Fehler. Das gilt für Leger und Schießer gleichermaßen. Werden falsche taktische Entscheidungen getroffen, setzt man sich selbst unter Druck – mit den entsprechenden Konsequenzen.

Fehler vermeiden und den Gegner unter Druck setzen kann man nur, wenn man konzentriert und ruhig zu Werke geht. Über „Gott und die Welt“ kann man sich – auch mit dem Gegner – vor und nach dem Spiel unterhalten, aber nicht während des Spieles. Diese Konzentration auf das Spiel („Tunnelblick“!) ist nicht zuletzt deshalb notwendig, weil sich mit jeder gespielten Kugel das Spiel entscheidend verändern und jeder versäumte Schuss oder jede zu wenig gelegte Kugel am Ende das Spiel kosten kann.

Bewußten oder unbewußten Versuchen des Gegners, einem ein Gespräch aufzudrängen und so vom Spiel abzulenken (das ist durchaus eine taktische Variante von manchen Leuten!), ist mit der nötigen Ruhe und Gelassenheit zu begegnen. Das gilt auch bei psychologischen Mätzchen des Gegners wie dummen Bemerkungen über gespielte Kugeln oder Forderungen nach striktester Einhaltung des Regelwerks. Meist hilft es da, das Verhalten des Gegners in aller Ruhe zu kopieren.

Ruhe zu bewahren ist grundsätzlich in jeder Situation angesagt, ganz besonders aber dann, wenn kritische Momente überstanden werden müssen. Ein deutlicher Rückstand ist zwar nicht angenehm, zum Problem wird er aber erst dann, wenn man sich davon verrückt machen lässt und die Nerven verliert. Das Spiel ist eben erst bei „13“ beendet und selbst ein 0:11 oder 0:12 läßt sich immer wieder einmal aufholen (Das gilt allerdings auch für den Gegner. Also bei einer klaren Führung auf keinen Fall übermütig werden!). – Oder wenn „Scheiße“ passiert, was immer wieder einmal der Fall ist. Gerade dann

gilt es, ruhig zu bleiben und sehr genau zu überlegen, was als nächstes zu tun ist. Beispiel: Wenn man die eigene Punktkugel durch einen sauberen (oder auch unsauberen) Schuss entsorgt hat, kann es durchaus sinnvoll und manchmal sogar notwendig sein, noch einmal nachzuschießen, sei es, um dem eigenen Leger seine Aufgabe zu erleichtern oder dem Gegner den einen oder anderen Punkt abzunehmen.

Jeder Spieler hat davon auszugehen, dass sein Partner tut, was er kann (er selbst natürlich auch). Kugeln werden in der Regel nicht mit Absicht verlegt oder verschossen. Also gibt es keinen Grund, seinem Partner einen Vorwurf zu machen (sei es durch eine dumme Bemerkung oder einen entsprechenden Gesichtsausdruck). Statt dessen sollte man sich darauf konzentrieren, den möglichen Schaden zu begrenzen. Sobald Unruhe ins Team kommt, nützt das dem Gegner. – Natürlich kann man sich über eigene schlecht gespielte Kugeln oder auch eine verpatzte Aufnahme kurz aufregen; sobald man im Kreis steht, muss das vergessen sein, sonst kommt mit relativer Sicherheit die nächste schlecht gespielte Kugel. – Nebenbei: Nach jeder (!) gespielten Kugel – geschossen oder gelegt – sollte man aus dem Kreis gehen und sich neu konzentrieren. Bei dieser Gelegenheit ein Loch zuzumachen (Das sollte übrigens auch der Schießer zur Unterstützung seines Legers tun!), ist durchaus hilfreich, da man so vermeiden kann, eine alte Donnée zu treffen, was der Genauigkeit der gespielten Kugel in der Regel nicht zuträglich ist. Also: Das „Maschinengewehr herauszuholen“ ist nicht sinnvoll!

Einige Anmerkungen zum Spiel

1. Zur Partnerwahl:

Im Grund genommen wurde dazu bereits das Nötige gesagt. Neben den technischen Fähigkeiten als (Nach-)Leger bzw. (Nach-)Schießer sollte der Partner auch über die richtige psychische Verfassung verfügen. Wichtige Stichworte sind in diesem Zusammenhang: Ruhe, Gelassenheit, Belastbarkeit, Streßresistenz etc. – Ob man den richtigen Partner gewählt hat, zeigt sich spätestens dann, wenn man zusammen verliert. Zusammen gewinnen ist immer unproblematisch und kein wirklicher Test.

Wenn das Spiel nicht läuft, sollte man rechtzeitig mit seinem Partner die Positionen wechseln. Das ist nicht nur bei einem hohen Rückstand sinnvoll, sondern manchmal auch, wenn das Spiel eng und zäh ist. – Bei einem längerem Turnier ist es außerdem eine Überlegung wert, ob man nicht nach dem zweiten oder dritten Spiel zur Entlastung des Legers, der ja als letztlich spielentscheidender Person einem größeren mentalen Druck ausgesetzt ist, die Positionen wechselt (ggf. nur vorübergehend). Die nötige Flexibilität in Bezug auf die Positionen sollte man immer im Kopf haben und dem Spielverlauf entsprechend einsetzen. Um ein Beispiel zu nennen: Wenn dem linkshändigen Leger eine gegnerische Kugel im Weg liegt, ist es eben sinnvoll, wenn der rechtshändige Schießer ein Kugel legt.

2. Zum Gegner:

Seinen Gegner kann man sich in der Regel nicht aussuchen, sondern bekommt ihn zugewiesen. Hat man bereits gegen ihn gespielt, sollten seine Vorlieben, Stärken und Schwächen bekannt sein und das eigene Spiel kann sich daran orientieren. Handelt es sich um einen neuen, noch unbekannten Gegner, sollten dieser und sein Verhalten von Beginn an aufmerksam beobachtet und die entsprechenden Konsequenzen gezogen werden. Fragen, die in diesem Zusammenhang eine wichtige Rolle spielen, sind u.a.: Wie sind seine technischen Fähigkeiten (im Legen und im Schießen)? Spielt er eher defensiv oder offensiv, eher langsam oder schnell? Welche Wutzenlänge bevorzugt er? Handelt es sich um Links- oder Rechtshänder? Wird er schnell nervös oder ist er eher druckresistent? etc.

3. Zum Terrain:

Im Gegensatz zu vielen anderen Sport- und Spielarten wird Petanque nicht auf einem normierten Untergrund, sondern auf ständig wechselndem Gelände gespielt. Daraus ergibt sich die Notwendigkeit, die Beschaffenheit der Terrains in die taktischen Überlegungen mit einzubeziehen. Zu glauben, man käme – unabhängig vom Terrain (oder auch Gegner) – mit der immer gleichen Taktik zum Erfolg, ist ein Fehler.
Über die Beschaffenheit eines Terrains zu lamentieren macht

keinen Sinn. Der Gegner muss mit demselben Boden zurechtkommen. Sich über Bodenverhältnisse aufzuregen geht nur auf Kosten der Konzentration. Die einzige Frage, die sich wirklich stellt, ist: „Wie komme ich mit dem vorgegebenen Terrain am besten zurecht?“ oder anders formuliert: „Welche Art des Legens oder Schießens verspricht bei den vorgegebenen Bedingungen am ehesten Erfolg?“ Ästhetische Überlegungen (nicht „kullern“ können/wollen bzw. nicht „raffeln“ können/wollen) sind hier fehl am Platze.

Um Bekanntschaft mit dem Terrain zu schließen, sollte man bei einem Turnier frühzeitig vor Ort sein, um sich einzuspielen. Als Faustregel gilt: Bei einfachem Terrain ist öfter zu legen, bei schwierigem öfter zu schiessen.

Ich empfehle auch, gerade bei schwierigem Gelände, eine gute gegnerische Kugel gleich zu schießen und nicht erst zu legen. Ansonsten besteht nämlich die Gefahr, dass man nach einer oder zwei nicht so guten eigenen Kugeln auf das Schießen ganz verzichtet und sich am Ende „totlegt“ und die Aufnahme abgibt. Und nicht vergessen: man kann auch beim Schießen dabei bleiben!

4. Zum Schweinchen oder der Wutz:

Mit dem Wutzenwurf beginnt das Spiel und damit werden oft schon die ersten Weichen für den weiteren Verlauf gestellt. Man sollte deshalb seine Bedeutung nicht unterschätzen!

Grundsätzlich sollte es für einen guten Boule-Spieler vollkommen gleich sein, ob die Wutz auf 6 oder auf 10m liegt. Man muss auf jede Distanz legen und/oder schießen können. Tatsächlich haben aber die meisten Teams gewisse Präferenzen, d.h. sie bevorzugen kürzeres oder längeres Spiel. Das lässt sich taktisch nutzen, indem man bei Wutzenbesitz das Gegenteil von dem tut, was der Gegner schätzt, also die Wutz kürzer oder weiter wirft. Eine taktische Variante – gerade auch gegen technisch nicht so gute Teams oder einen guten Tireur – kann es sein, die Spiellänge ständig zu variieren.
Wirft der Gegner die Wutz immer in gerader Richtung, sollte man, sobald sich die Gelegenheit ergibt, die Wutz schräg werfen. Das Ergebnis ist bisweilen verblüffend.
Ob der Leger oder der Schießer die Wutz werfen soll, darüber existieren unterschiedliche Ansichten. Ich selbst bin der Meinung, dass diese Aufgabe der Leger übernehmen sollte, da er es ist, der in die Nähe der Wutz kommen muss. Als Schießer habe ich mich danach zu richten! Dann besteht auch weniger die Gefahr, daß ich mich beim Schießen auf eine bestimmte Entfernung einstelle (was bei Schießern, die selbst die Wutz werfen, sehr oft der Fall ist) und auf kürzere oder längere Distanzen nicht mehr treffe.
Die Wutz ist integraler Bestandteil des Spiels. D.h. aber auch, dass sie ggf. zu schießen ist, wenn die Situation es erfordert. Die Ausrede „Die treff' ich ja doch nicht!“ ist nicht hilfreich (dann muss eben geübt werden!). – Es gibt mehrere Gründe, die Wutz zu schießen: z.B. wenn das Spiel verloren zu gehen

droht oder um zu vermeiden, dass der Gegner viele Punkte macht oder, falls man selbst erst eine Kugel gespielt hat, es die Situation zulässt, bei einem Treffer ins „Aus“ viele Punkte (d.h. 4) zu machen.
Wie man die Wutz schießt, direkt oder als Raffel, ist nicht nur Geschmackssache, sondern hängt vom Terrain und der Spielsituation ab. Ich selbst bevorzuge den direkten Schuss, da dadurch die Unwägbarkeiten des Bodens ausgeschlossen werden.
Es ergeben sich immer wieder Situationen, in denen es sinnvoll ist, die Wutz zu ziehen. Falls man das machen will, ist das Timing der Spielkugel von zentraler Bedeutung. Viele Leute konzentrieren sich so auf die zu spielende Richtung, dass sie ganz vergessen, dass auch die Geschwindigkeit kontrolliert werden muss. Wenn die Spielkugel nämlich ihr Ziel nicht erreicht, an der Wutz vorbei läuft und erst ein Meter oder mehr hinter der Wutz zum Stillstand kommt, ist das nicht hilfreich, sondern in der Regel eine verlorene Kugel. Ähnliches gilt, wenn man die Wutz zwar trifft, diese aber aufgrund der zu hohen Geschwindigkeit der Spielkugel an eine Stelle läuft, wo man sie partout nicht haben wollte. Also: Beim Versuch des Wutzen-Ziehens das Timing nicht vergessen! – Die Wutz über eine längere Strecke ziehen zu wollen (also etwa über 50 cm und mehr), ist meist nicht sinnvoll und nur in ganz seltenen Ausnahmefällen angesagt.

5. Zum Legen:

Wie bereits erwähnt, werden Spiele letztlich über das Legen entschieden. Im Vorteil ist derjenige Leger, der unterschiedliche Techniken (kullern, Portées etc.) beherrscht, da er entsprechend der Bodenbeschaffenheit variieren kann.
Ob man aus der Hocke spielt oder im Stehen ist in erster Linie eine Frage der individuellen Präferenz und kein sinnvoller Gegenstand für größere Diskussionen. Ob der/die gegnerischen Spieler Links- oder Rechtshänder sind, ist dagegen durchaus von Interesse. Davon hängt z.B. ab, wohin störende Kugeln gelegt werden müssen.
Voraussetzung für eine gut gelegte Kugel ist ein adäquates „Lesen“ des Geländes. Dazu ist es sinnvoll, den Weg abzuschreiten, den die Kugel nehmen soll. Bei Unsicherheiten empfiehlt es sich, eine Kugel in die Mitte des Kreises zu legen und den Weg aus der Perspektive **hinter** der Wutz zu betrachten.
Es ist erfreulich und macht dem Gegner Druck, wenn die erste Kugel gut kommt, insbesondere wenn man Triplette spielt. Bei der Doublette genügt es in der Regel, wenn die zweite Kugel kommt. Also kein Grund zur Aufregung, wenn die sich die erste Kugel einen Platz zwei Meter von der Wutz entfernt sucht.
Eine schöne – wie ich es nenne – „Arbeitskugel“ liegt ca. 40 – 50 cm vor der Wutz im Weg der gegnerischen Kugel. Solche Kugeln haben mehrere Vorteile: a) sie machen das Spiel eng; b) sie zwingen den Gegner zur Entscheidung, ob gelegt oder geschossen werden soll. Sehr oft wird dann nicht geschossen,

weil ja vermeintlich noch Platz ist (das ist meistens die falsche Entscheidung); c) solche Kugeln erhöhen die eigene Handlungsfähigkeit, da sie durch einen Schuss verteidigt oder ggf. aber angespielt werden können.

Entscheidet man sich dafür, eine gegnerische „Arbeitskugel“ nicht zu schießen, ist es häufig sinnvoll so zu legen, als wäre diese Kugel gar nicht vorhanden. Man hat immer eine Chance, dass die eigene Kugel vorbei läuft oder aber die gegnerische so touchiert, dass der Weg für die nächste eigene Kugel frei wird. Und falls beides schief geht, kann immer noch nachgeschossen werden.

Nicht vergessen werden darf, den „Rückraum“ (also hinter der Wutz) abzudecken. Das sollte nicht erst mit der letzten Kugel geschehen, da die Wege dann oft schon blockiert sind und/oder man möglicherweise Gefahr läuft, die Wutz zu ziehen und so dem Gegner das Spiel zu erleichtern.

Man muss nicht immer an die Wutz spielen. Oft ist es sinnvoller, den Punkt an oder in der Nähe der gegnerischen Kugel zu suchen.

Man muss nicht immer den Punkt machen und schon gar nicht mit der letzten Kugel, während der Gegner noch die Hände voll hat. Und auch nicht, wenn man bereits einen Punkt liegen hat, das Spiel eng ist und gegnerische Kugeln nur darauf warten angespielt zu werden.

Ganz anders ist die Situation, wenn man gezwungen ist, das Spiel eng zu machen. Da ist es möglicherweise unabdingbar, daß man eine gegnerische Kugel anspielt. Ob diese dann ein

paar Zentimeter näher an der Wutz liegt oder nicht, ist vollkommen gleichgültig. Wichtig ist nur, dass die eigene Kugel dabei liegt und dem Gegner Probleme bereitet beim Versuch weitere Punkte zu machen.

6. Zum Schießen:

Dass Spiele letztlich über das Legen entschieden werden, schmälert keineswegs die Bedeutung des Schießens. Alles gute Legen nützt am Ende nichts, wenn gegnerische Punktkugeln an der Wutz nicht entsorgt werden können oder wenn man nicht in der Lage ist, für mehrere Punkte ein- oder zweimal zu schießen.

Grundsätzlich sollte man auf Eisen schießen (können)! Darüber hinaus gibt es die Möglichkeit, „devant“ zu schießen (also kurz vor der Kugel aufkommen) oder zu raffeln. Welche dieser Schussarten jeweils angemessen ist, hängt von der Bodenbeschaffenheit und/oder der Spielsituation ab. „Devant“ zu schießen ist z.B. bei weicheren Böden oft sehr effektiv, „raffeln“ eher bei glatten und ebenen Böden. Zur Spielsituation: Auf Eisen schießen sollte man auf jeden Fall bei verdeckten Kugeln, wenn man ein Bild nicht zerstören will und auch, wenn die zu schießende Kugel in der Nähe der Wutz liegt und letztere sich nicht bewegen soll. Raffeln empfiehlt sich z.B. dann, wenn eine gegnerische Kugel an der Wutz liegt und man selbst auch gerne in Kauf nimmt, dass sich die Wutz bewegt (oder gar ins Aus

geht) oder aber, wenn mit einem Schuss mehrere gegnerische Kugeln gleichzeitig entsorgt werden sollen. Nebenbei: Auch raffeln muss man üben!

Sobald er im Kreis steht, hat der Schießer (wie der Leger übrigens auch) nicht mehr zu denken. Was bei einem Schuss alles passieren kann, hat man sich vorher angesehen und registriert. Wenn man sich dennoch zum Schießen entschlossen hat, ist das nicht mehr von Belang. Ein Schießer, der Angst hat, aus Versehen die eigene Kugel zu schießen oder einen Konter zu fabrizieren, macht entweder ein Loch oder genau das, was er befürchtet hat. – Anderseits gilt es aber auch, mögliche Konter oder sonstige Gefährdungen eigener Kugeln genau zu beobachten und bei der Entscheidung zu berücksichtigen. Liegen mehr gegnerische Kugeln in der Nähe der Wutz als eigene, ist in der Regel auf einen Schuss zu verzichten, da man es sonst dem Gegner allzu leicht macht, viele Punkte zu markieren. Schießt man ohne Rücksicht auf Verluste, betreibt man das, was ich „Kamikaze-Boule" nenne – mit den entsprechenden Folgen.

Da der Gegner, wie man selbst auch, versuchen wird, das Spiel des Kontrahenten zu erschweren, sollten erste Kugeln, die bis zu ca. 50 cm vor der Wutz im Weg liegen, geschossen werden (zumindest einmal). Wenn man das nicht tut, spielt man die ganze Aufnahme gegen eine solche Kugel, was insbesondere dann ärgerlich ist, wenn die Situation eng ist und genau gespielt werden muß. Außerdem ist es ein Erfahrungswert, dass man solche Kugeln vielleicht einmal vermeidet und wenn man

Glück hat auch zweimal, spätestens aber beim dritten Mal hängen bleibt (und ggf. dem Gegner noch den Punkt macht). Für einen sofortigen Schuss spricht auch, dass bei einem Treffer die Wutz bewegt werden kann; hat man zuerst gelegt und dies geschieht, ist die bereits gespielte Kugel vergeudet. – Trifft man nicht richtig und die gegnerische Kugel läuft näher zur Wutz, ist das kein Grund zur Aufregung. Entweder wird dann nachgeschossen oder man kann nun besser und lockerer legen, da das störende Objekt nicht mehr an seinem Platz liegt. Im übrigen ist oft gegen eine Kugel, die 10/15 cm hinter der Wutz liegt, einfacher zu spielen, als gegen eine Kugel, die 50 cm davor liegt. – Ein sofortiger Schuss im vorliegenden Fall ist auch psychologisch nicht unwichtig. Selbst wenn man ein Loch macht, weiß der Leger nun, daß man tut, was man kann, um ihm das Leben zu erleichtern und er wird die nächste Kugel noch konzentrierter spielen.

Liegen zwei oder drei Kugeln „press" hintereinander muss man im Kopf behalten: Bei einem vollen Treffer bleibt bei zwei Kugeln die vordere liegen und bei drei Kugeln häufig die mittlere (bei einem „unsauberen" Treffer ist das nicht zwingend der Fall). Je nachdem, wo man selbst liegt, kann es also besser sein, nicht zu schießen bzw. vor einem Schuss die zusammenliegenden Kugeln zu trennen.

Wenn man zwei gegnerische Kugeln schießen muss, von denen eine im Konterbereich liegt, ist nicht immer die „gefährlichere" zuerst zu schießen. Mit welcher man beginnt, hängt von der Spielsituation ab.

Wenn der Gegner keine Kugeln mehr hat und man selbst noch viele, ist es – wie bereits erwähnt – eine Überlegung wert, ob nicht die Wutz geschossen werden sollte. Bevor man sich dazu entscheidet, muss allerdings überprüft werden, wo und wie viele gegnerische Kugel im Rückraum „lauern", falls man die Wutz nicht voll trifft. – Steht ein Wutzenschuss nicht zur Debatte, ist bei größerem Kugelvorteil sofort zu überlegen, ob es sinnvoll ist, den Weg für weitere Kugeln freizuschießen. Ein möglicher Konter ist nicht unbedingt ein Gegenargument, da man ja, vorausgesetzt man trifft diese Maßnahme sofort, im Notfall noch genügend Kugeln für nötige „Reparaturmaßnahmen" hat. – Bei einem engen Spielstand (11 oder 12 Punkte beim Gegner) ist es oft sinnvoll, zurückhaltender zu sein.

Entgegen verbreiteter Meinung kann man mit der letzten Kugel durchaus schießen. Es ist aber genau zu überlegen, ob bzw. wann man das tut. – Mit der eigenen letzten Kugel eine gegnerische zu schießen, die im Bereich vor der Wutz liegt (auch seitlich versetzt!), ist meistens nicht sinnvoll, da die geschossene Kugel durch das ganze Spiel laufen und alles Mögliche bewegen kann (mögliche Ausnahme: man schießt für viele Punkte und der Spielstand ist unproblematisch). Ebenfalls zu beachten ist, ob die Gefahr besteht, dass die letzte Schusskugel die Wutz trifft und der Gegner noch die Hände voll hat. Dann ist in der Regel Zurückhaltung angesagt. – Andererseits kann ein abschließender Schuss für 2 – 4 eigene Kugeln (wenn der Gegner selbst nur noch eine oder zwei hat) eine Menge Druck aufbauen.

Schlussbemerkung

Soweit meine Darstellung grundlegender Sachverhalte bzw. von Schlüsselsituationen im Pétanque, verbunden mit Hinweisen, wie diese m.E. am erfolgversprechendsten zu bewältigen sind.

Nun sollte man allerdings nicht meinen, dass es mit einer einmaligen Lektüre dieser Anleitung getan und man nun für die kommenden Spiele ausreichend gewappnet ist. Die wirkliche Arbeit an der eigenen Taktik fängt jetzt erst richtig an. Denn es gilt nun, die obigen Orientierungshilfen zu internalisieren und in der Praxis umzusetzen. Dabei geht es vor allem darum, ein Gespür für die Situationen zu entwickeln, um im Wettkampf adäquat reagieren zu können. Man sollte sich darüber im klaren sein, dass das ein längerer Prozess ist, der neben manchen Erfolgserlebnissen auch etliche Rückschläge mit sich bringen wird. Mit ein wenig Geduld wird man am Ende seinen eigenen taktischen Stil entwickeln.

Was man sich von den im Text gemachten Vorschlägen ganz oder partiell zu eigen macht, muss letztlich jeder für sich selbst entscheiden. Ich denke aber, wer sich von den oben beschriebenen Prinzipien (die selbstverständlich die eigenen Erfahrungen nicht ersetzen können noch wollen) leiten lässt, ist anderen Mannschaften gegenüber immer im Vorteil und erhöht seine Chancen zu gewinnen. Wenn er sich an die Vorgaben hält und – was gegenwärtig allerdings selten der Fall sein wird, da hier-

zulande das taktische Spiel nur gering entwickelt ist – auf Gegner trifft, die sich an ähnlichen Prinzipien orientieren, wird er (gleichwertige technische Fertigkeiten vorausgesetzt) auf jeden Fall ein gutes und enges Spiel haben, so dass es am Ende ohne größere Bedeutung sein wird, wer zuerst die „13“ erreicht.

Allez les boules!

P.S.
Zur Ergänzung und Vertiefung empfehle ich Eberhard Kirchhoffs Carreau. Boule spielen und gewinnen beim Petanque, Münster 2011: JetztBuch-Verlag.

Für Hinweise auf Vergessenes und sinnvollerweise bzw. notwendigerweise zu Ergänzendes bin ich dankbar.
Meine Adresse ist:
Hans-Jürgen Hildebrandt
Edelsberg 32a, D-55270 Jugenheim.

Für die Durchsicht des Manuskriptes danke ich
Jens Dengler, Klaus Jäger und Michael Leiter,
für die Gestaltung des Umschlags Volker Müller,
sowie Peter Latsch für die Erstellung der Druckvorlage.

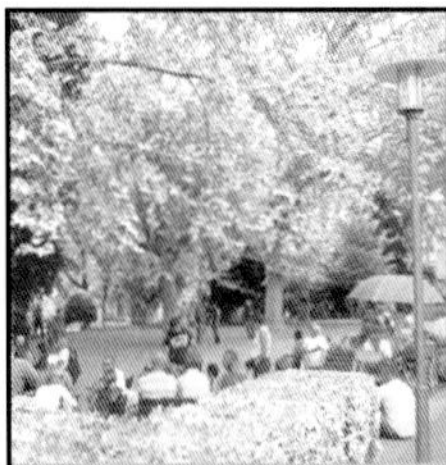
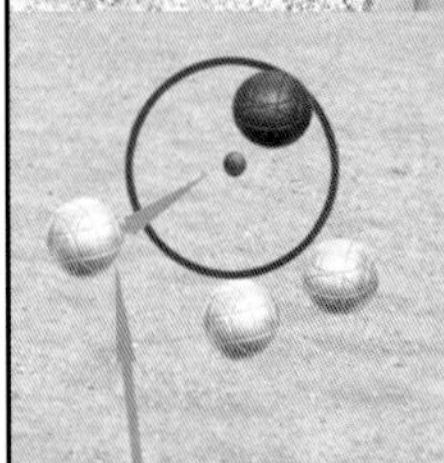
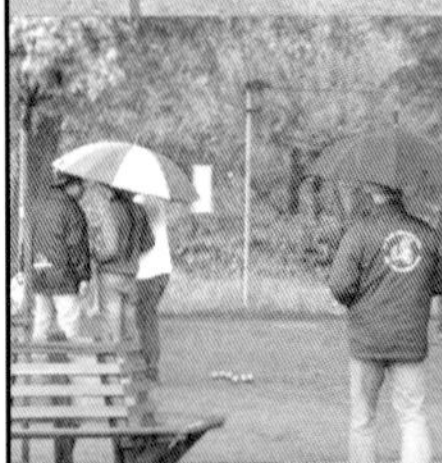

Peter Latsch

Boule / Pétanque für Einsteiger

Einblicke und Grundlagen des Boule - Sports

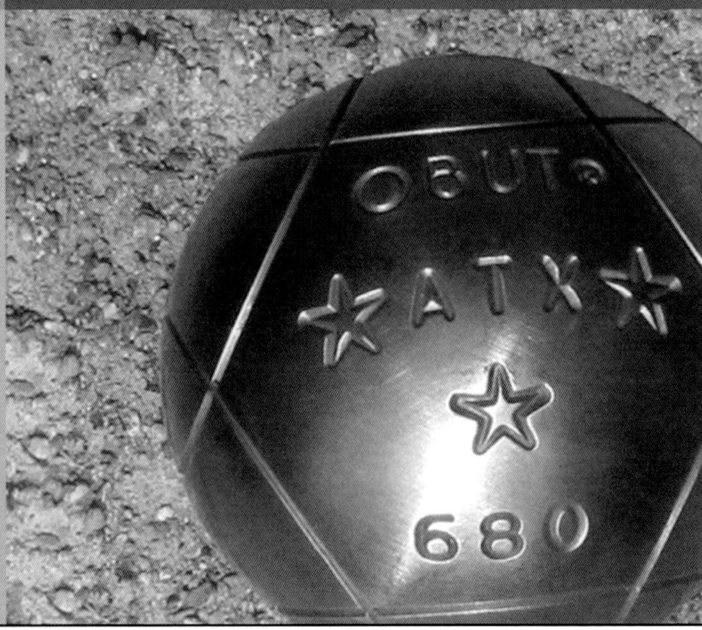

Isotrop - Verlag

Boule / Pétanque für Einsteiger

Dieses Buch wendet sich gleichermaßen an alle, die mit dem Boulespiel beginnen möchten, als auch an die Spieler, die sich intensiver mit ihrem Sport auseinandersetzen wollen. Neben einer komplett bebilderten Spielanleitung finden sich in diesem Buch alle wichtigen Grundlagen, die sie für ihr Spiel und dessen Weiterentwicklung benötigen. Von der Auswahl der passenden Kugeln und sinnvollem Zubehör, über die Beschreibung der wichtigsten Wurftechniken bis zu taktischen Erwägungen im Spiel und Wettkampf.
Ein eigenes Kapitel zeigt verschiedene Übungsbeispiele auf, die sinnvoll als Training zur Verbesserung des eigenen Spiels verwendet werden können.

Natürlich fehlt auch nicht der Ausblick auf Turniere und Meisterschaften.

Mit zahlreichen farbigen Fotos und Illustrationen, sowie einem speziellen Boule-Lexikon.

ISBN : 978-3-940395-10-8

Mit portofreier Lieferung zu beziehen bei:

Isotrop Verlag
Frankfurter Str. 155
65520 Bad Camberg

Tel. /Fax: (0049) 0 6434 5455
Email: verlag@isotrop.de